Die Stadt

mit Bildern von
Christian Broutin
übersetzt von
Klaus Tödt-Rübel

MEYERS LEXIKONVERLAG

Vor sehr, sehr langer
Zeit war dieses Land menschenleer.
Nirgendwo Städte, Dörfer oder
Hütten. Bis eines Tages…

... Menschen in einem
Einbaum den Fluß heraufkamen.

Sie bauten ihre Hütten am
Ufer des Flusses.

Andere zogen auf die Ebene
hoch über dem Tal.
Dort war es wärmer, und es
gab mehr Nahrung.

Das Dorf wächst.
Man.baut richtige Häuser aus Holz
und später aus Lehm.

Das Dorf wächst weiter…

Wälle, Gräben
und Palisaden
schützen die
Bewohner.

Bald stehen die
Häuser dicht
an dicht. Sie
haben Fenster
und mehrere
Stockwerke.

Eine Burg ist entstanden,
umgeben von einer Festungsmauer.

Es herrscht Krieg.
Feinde belagern die Festung
und setzen Dorf und Burg in Flammen.

Nun ist wieder Frieden
eingekehrt. Alles wird neu aufgebaut,
und die Burg ist schöner
als zuvor.

Man hat eine
Brücke gebaut. Pferdewagen rumpeln
über die Straße ins neue Dorf
unten am Fluß.

Die Burg wird
abermals zerstört,
aber nicht
wieder aufgebaut.
Unten im
Städtchen
erleuchten Laternen
die Gassen.

Am Fuße des Hügels
ist eine kleine Stadt
entstanden. Bald
breitet sie sich
über das ganze
Tal aus.

Im vergangenen
Jahrhundert werden die
modernen Verkehrsmittel erfunden.

Später kommen
Strom und Telefon.
Wie schnell
sich alles verändert!

Die alten Häuser verfallen
allmählich.

An ihrer Stelle
werden mit
gewaltigen Maschinen
neue Gebäude
errichtet.

Nach und nach wird
aus der kleinen Stadt eine
moderne Großstadt.
Eine neue Brücke überspannt
den Fluß. Sie ist fester und
breiter als die alte.

Die Stadt wächst unaufhörlich.
Immer mehr und immer höhere Häuser
werden gebaut.
Aus der Burgruine ist eine bekannte
Sehenswürdigkeit geworden.

Wie wird die Stadt wohl aussehen,
wenn du erwachsen bist?

In der gleichen Reihe sind erschienen:

Die Reihe wird fortgesetzt

© 1994 Bibliographisches Institut & F. A. Brockhaus AG, Mannheim
für die deutsche Ausgabe
Titel der Originalausgabe: La ville
© 1993 by Éditions Gallimard
Printed in Italy
ISBN 3-411-08691-2